Vente du Samedi 10 Mars 1900

HOTEL DROUOT — SALLE N° 8

PREMIÈRE PARTIE

COLLECTION DE M. L. B.

DEUXIÈME PARTIE

COLLECTION DE M͏ᵐᵉ SCH.

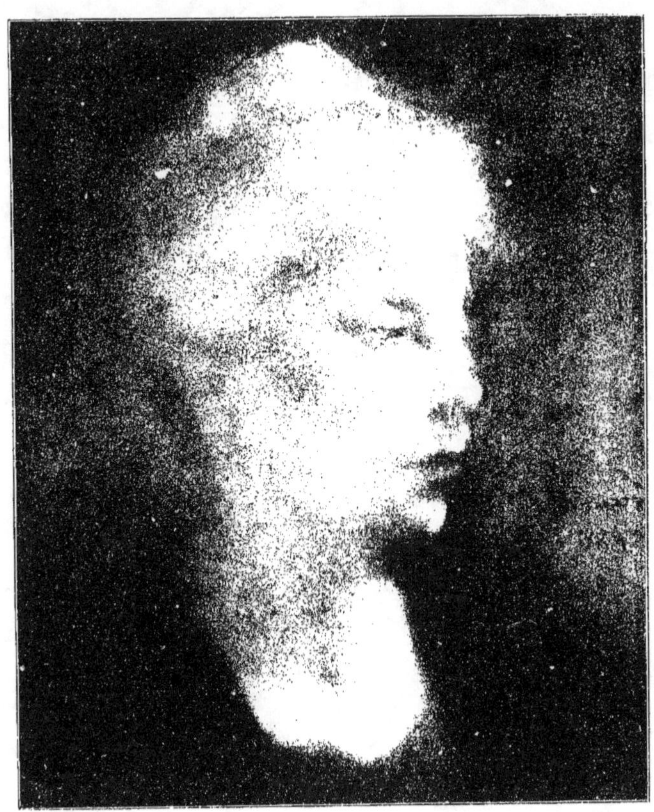

M͏ᵉ MAURICE DELESTRE

EXPOSITION PUBLIQUE A L'HOTEL DROUOT

le Vendredi 9 Mars 1900

IMPRIMERIE

FRAZIER-SOYE

153, 155, 157, rue Montmartre

PARIS

CATALOGUE

DES

AQUARELLES, PASTELS
DESSINS, ESTAMPES

composant la collection de M. L. B.

ET DES

MEUBLES ANCIENS, OBJETS D'ART

ET DE CURIOSITÉ

FAIENCES ET PORCELAINES

MINIATURES, ÉVENTAILS, ETC.

composant la collection de M.ᵐᵉ SCH.

Dont la vente aura lieu

à Paris, **HOTEL DROUOT**, Salle N° 8

Le Samedi 10 Mars 1906

à 2 heures précises

Par le Ministère de Mᵉ MAURICE DELESTRE

COMMISSAIRE-PRISEUR

5, rue Saint-Georges

Assisté de M. LOYS DELTEIL, Artiste-Graveur, Expert

22, rue des Bons-Enfants

CONDITIONS DE LA VENTE

Elle sera faite au comptant.

Les acquéreurs paieront *dix pour cent* en sus des prix d'adjudication.

M. LOYS DELTEIL remplira les commissions que voudront bien lui confier les amateurs ne pouvant y assister ; il se réserve en outre, la faculté de diviser ou de rassembler les lots.

MM. les amateurs pourront visiter les collections, 22, *rue des Bons-Enfants*, du lundi 5 au jeudi 8 mars, de 2 heures à 5 heures.

EXPOSITION PUBLIQUE A L'HOTEL DROUOT

le Vendredi 9 Mars, de 2 heures à 6 heures

Désignation

PREMIÈRE PARTIE

COLLECTION DE M. L. B.
AQUARELLES — PASTELS
DESSINS

BARGUE (Charles)

1. — Toréador. Aquarelle. Timbre de la vente.

H. 115. — L. 082.

2. — Etude de Femme implorant. Crayon noir. Timbre de la vente.

H. 275. — L. 203.

BELLANGÉ (Hippolyte)

310 3. — Le Conscrit et l'Ancien. Aquarelle. Signée et datée : 1834.

H. 187. — L. 142.

BESNARD (Albert)

1810 4. — Jeune Femme en buste. Pastel. Signé et daté : 1887.

H. 390. — L. 315.

BONVIN (François)

5. — La Liseuse assise. Fusain. Signé et daté, 1853.

H. 315. — L. 232.

6. — L'Homme coiffé d'une casquette. A la plume. Signé et daté, 1847.

H. 142. — L. 121.

BRACQUEMOND (Félix)

7. — La Nuée d'orage. A la mine de plomb avec rehauts d'encre de chine. Signé et daté : 1879. A été gravé par l'artiste (n° 219 du cat. Beraldi). Une épreuve de l'eau-forte jointe.

L. 340. — H. 248.

DAUMIER (Honoré)

8. — Camille Desmoulins au Palais-Royal. Superbe et fort importante aquarelle, avec rehauts de pastel et de gouache. Signée. A figuré à une Exposition à l'Ecole des Beaux-Arts.

H. 557. — L. 447.

9. — L'Amateur d'estampes. A la plume et au fusain, avec rehauts d'encre de chine et de sanguine. Signé des initiales du maître.

L. 235. — H. 188.

DECAMPS (d'après)

10. — La Poursuite, scène de chasse. Sépia.

H. 248. — L. 202.

FORTUNY (Mariano)

11. — Etudes d'Arabes morts. Au crayon noir, avec rehauts de blanc. Cachet de la vente.

L. 365. — H. 137.

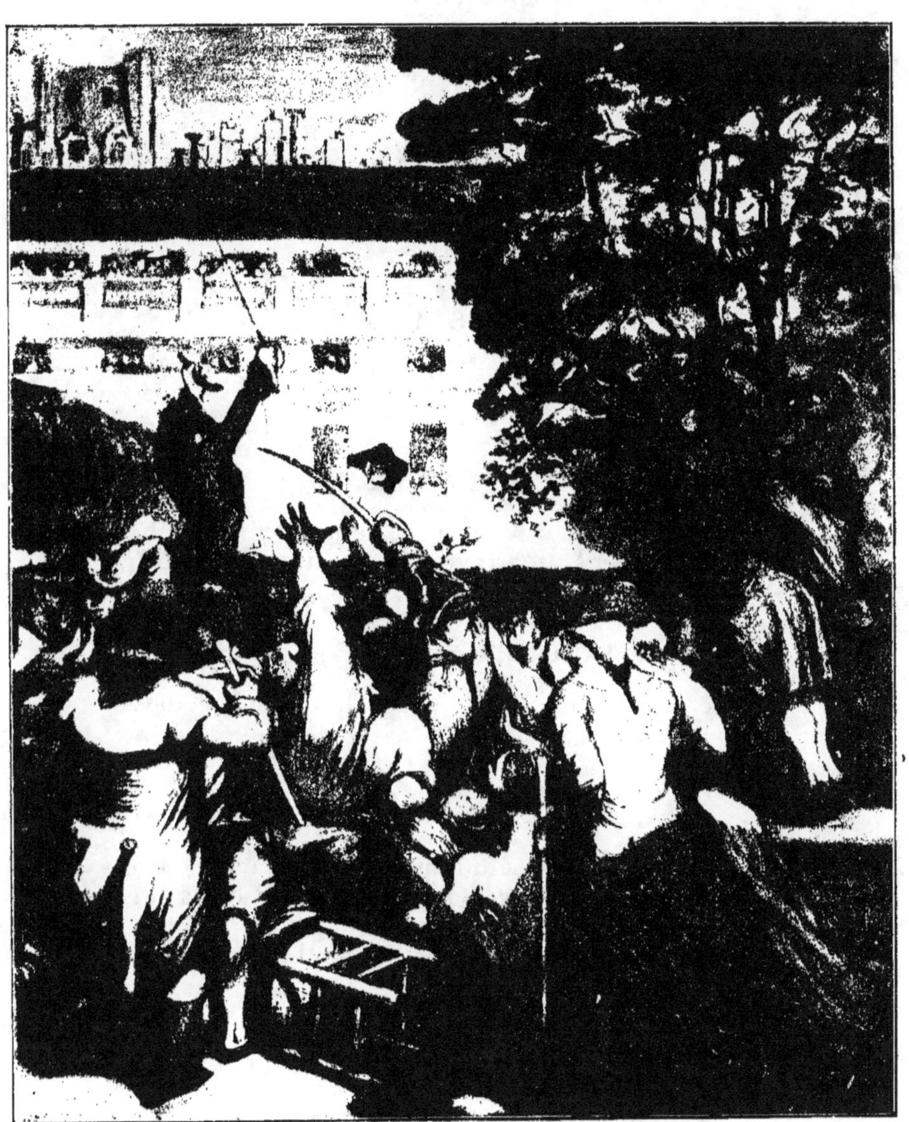

Nº 8 du Catalogue.

L. 450

Montaignac

GAVARNI

500

12. — *Scotch Boy*. Belle et importante aquarelle, gouachée. Signée et datée d'Edimbourg, 1849.

H. 315. — L. 230.

GUYS (Constantin)

155

13. — Grisette. Aquarelle.

H. 330. — L. 210.

HAWKINS (L. W.)

85

14. — Tête de paysanne. Aquarelle. Signée et datée : 1886.

H. 345. — L. 250.

JACQUE (Charles)

305

15. — Une Porte d'Auberge. Aquarelle gouachée. Signée. A été gravée. (N° 156 du cat. Guiffrey.)

L. 130. — H. 080.

JACQUEMART (Jules)

600

16. — Jeune Fille tricotant. Aquarelle. Signée et datée : *Menton, 1878*.

H. 280. — L. 205.

MILLET (Jean-François)

400

17. — Une Glaneuse, étude pour le tableau des *Mois-sonneurs*. Au crayon noir. Cachet de la vente Millet.

H. 300. — L. 150.

MONNIER (Henry)

155

18. — Joseph Prud'homme, avec la légende : *Otez l'Homme de la Société, vous l'isolez*. A la plume, rehaussé d'aquarelle. Signé et daté : 1869.

H. 290. — L. 175.

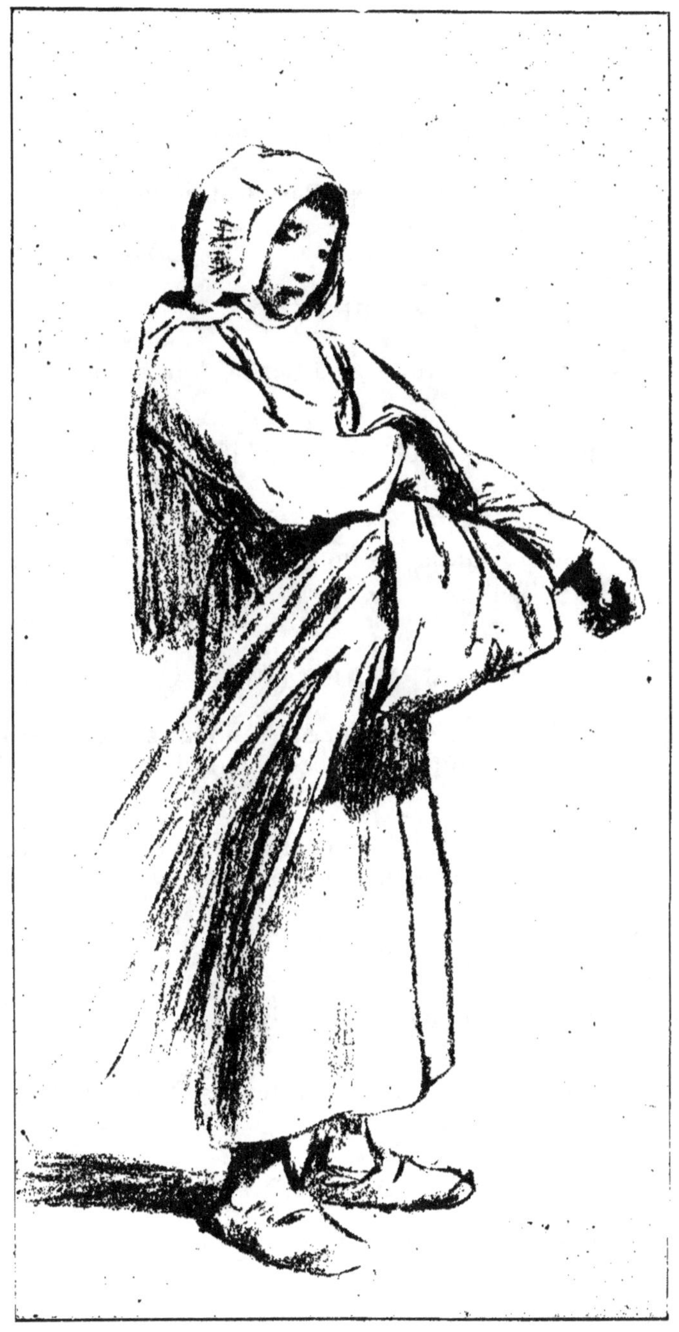

N° 17 du Catalogue.

400

PISSARRO (Camille)

19. — La Gardeuse d'oies. Pastel et gouache. Signée
et datée : 1888.

L. 375. — H. 245.

RAFFET (A.)

20. — Intérieur d'Auberge à Berne. A la plume.

L. 350. — H. 190.

21. — Paysannes de Gênes, 5 avril 1849. Mine de plomb
avec rehauts.

H. 280. — L. 210.

22. — Louise Gigia. Mine de plomb, avec léger
rehaut.

L. 300. — H. 212.

RENOUARD (Paul)

23. — Enfants de l'Assistance se rendant au réfectoire.
Au crayon noir, avec rehauts de blanc. Signé.

L. 525. — H. 230.

24. — Etudes d'Enfants. Cinq croquis, plume et crayon,
signés. Sous un même cadre.

SERRET (Charles)

25. — Jeux d'Enfants. Pastel. Signé.

H. 332. — L. 253.

26. — La Toilette de Bébé. Mine de plomb. Signé.

L. 223. — H. 173.

TOFANO (E.)

27. — Femme à l'ombrelle. A la plume. Signé.

H. 358. — L. 236.

ZIEM (Félix)

28. — Soleil couchant sur la lagune. Belle aquarelle,
gouachée. Signée.

L. 318. — H. 210.

ESTAMPES

BRACQUEMOND (Félix)

29. — Le vieux Coq, 1882 (H. B. 222). Très belle
épreuve, *avant les vers*, tirée en bistre,
signée.

FRAGONARD (Honoré)

30. — L'Armoire. Très belle épreuve du 2ᵉ état, *avant
l'adresse de Naudet* (transcrite au crayon).

GAILLARD (Ferdinand)

31. — Tête de cire du Musée de Lille. Cinq très belles
épreuves d'états différents.

HADEN (F. Seymour)

32. — *Old Willesley House*, 1865 (R. D. 91). Très
belle épreuve. Signée.

33. — Paysage aux trois canards, 1877. Très belle
épreuve. Signée.

MILLET (Jean-François)

34. — Le Paysan rentrant du fumier. Superbe et très
rare épreuve du 1ᵉʳ état.

RAJON (Paul)

160 35. — Mme Suzanne Rose, d'après Sandys, 1861 (H. B. 148). Superbe épreuve sur parchemin, *signée*.

REMBRANDT VAN RYN

126 36. — Rembrandt dans un ovale (B. 23). Très belle épreuve.

80 37. — David en prière (B. 44). Belle épreuve.

310 38. — Homme à barbe courte et bonnet fourré, 1631 (B. 263). Très belle épreuve.

165 39. — Vieillard à barbe carrée (B. 309) Superbe épreuve.

40. — Faustus (B. 270). Superbe épreuve *avant les dernières retouches*.

DEUXIÈME PARTIE

COLLECTION DE Mme SCH.

MEUBLES ANCIENS — OBJETS D'ART ET DE CURIOSITÉ

41. — Une Coiffeuse Louis XVI, marqueterie.

42. — Un meuble entre deux fenêtres Louis XVI.

43. — Une table à jeu Louis XVI, accajou.

44. — Petit bureau avec étagère (style Louis XV), moderne.

45. — Glace Louis XV, blanc et or.

46. — Pendule Louis XIV, incrustations.

47. — Pendule Cartel Louis XV, inscrustations (réparée).

47 *bis*. — Montre en or de Ferdinand Berthoux.

48. — Eventail ancien, avec trois sujets peints (personnages en costumes du XVIIe siècle), monture ivoire.

49. — Eventail ancien, avec sujets peints, époque Louis XV, monture ivoire, incrustations.

50. — Eventail ancien avec trois sujets peints, époque Louis XV, monture ivoire, incrustations.

51. — Coffret en fer ciselé, de l'époque de la Renaissance.

52. — Encognure hollandaise, marqueterie.

53. — Une paire de Chandeliers Louis XVI, argent.

54. — Une paire de Chandeliers Empire, bronze.

55. — Petite boite Louis XVI, bronze doré, avec miniature (portrait de Femme).

56. — Tabatière écaille avec miniature (Jeune Femme tenant un Enfant).

57. — Tabatière écaille avec miniature monochrome (La Jardinière. avec la devise : *Tout s'embellit sous sa main*).

58. — Un Reliquaire, émail et argent, avec sa gaîne (Sujet : Le Baptême du Christ).

59. — St Pierre — St Jean. Deux émaux encadrés.

60. — Marie de Médicis, émail, cadre argent.

61. — Portrait de jeune Femme, miniature par Guérin, encadrée.

62. — L'Enfant à l'oiseau, miniature encadrée.

63. — Portrait d'Homme (Mr de Nicolaï?), miniature, encadrée.

64. — Portrait de Femme, époque du Directoire, miniature, encadrée.

65. — Portrait d'un Homme et d'un Enfant, époque du Directoire, miniature, encadrée.

66. — Portrait de jeune Femme (vers 1830), miniature signée : G.

67. — Quatre médaillons, biscuits de Sèvres (Famille Impériale : Napoléon Ier — Napoléon III. L'Impératrice Eugénie — Le Prince Impérial).

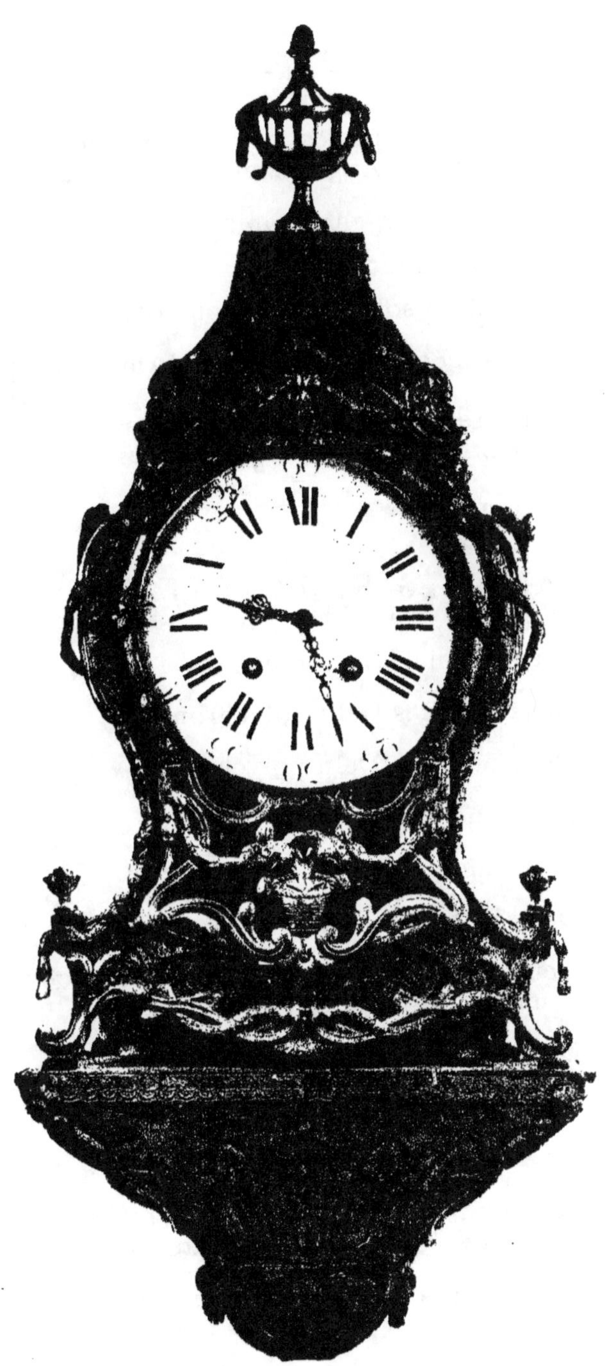

N° 46 du Catalogue.

68. — Quatre petits bustes, biscuit (Bossuet — Duc et duchesse d'Angoulême — Duc de Berry).

69. — Un Huilier argent, Empire.

70. — Un gobelet, argent.

71. — Un cadran solaire, avec boussole.

72. — Vénus découvre l'Amour — L'Amour veut corriger Vénus. Deux pièces par Duarwess d'après **J. B. Huet**. Très belles épreuves *imprimées en couleurs*, encadrées.

FAIENCES ET PORCELAINES

73. — Un petit plat, Delft Bleu.

74. — Deux faïences Delft polychrome.

75. — Deux faïences Delft polychrome.

76. — Deux faïences Delft polychrome.

77. — Trois faïences Delft, deux en bleu.

78. — Deux plats Moustier polycrome, même décor.

79. — Deux plats longs Moustier, même décor (l'un monochrome, l'autre polychrome).

80. — Deux plats carrés, Moustier jaune.

81. — Un plat long, Moustier bleu.

82. — Un plat long, Moustier jaune.

83. — Plat rond et assiette, Saxe, au chiffre V. O. R. surmonté d'une couronne de roses.

84. — Cinq assiettes, porcelaine de Saxe, décors variés.

85. — Deux grands plats longs, Strasbourg.

86. — Deux plats ronds et deux assiettes Strasbourg, roses.

87. — Deux plats ronds, Strasbourg.

88. — Un plat Rouen, profond, polychrome.

89. — Huit assiettes faïence, Nevers.

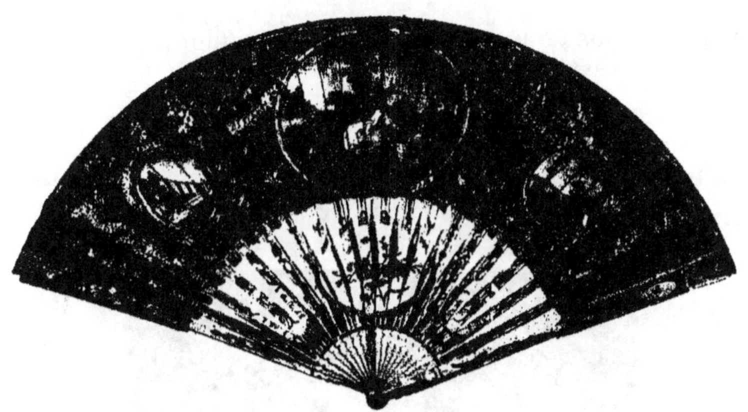

Nº 49 du Catalogue.

90. — Deux assiettes faïence, Marseille.

91. — Neuf assiettes, Bordeaux.

92. — Deux plats anglais, à jour, bleus (un cassé).

93. — Plat long italien, à jour.

94. — Trois assiettes faïence, hispano-arabe.

95. — Cinq assiettes, chine, monochrome, même décor.

96. — Sept assiettes, japon, couleur, même décor.

97. — Deux plats ronds, japon, couleur et or.

98. — Un plat, japon, bleu.

99. — Deux plats longs, japon bleu, même décor.

100. — Trois plats longs, japon bleu.

101. — Un plat rond, chine, couleur.

102. — Assiettes, chine, bleu. Dix pièces.

103. — Assiettes, chine et japon. Vingt-et-une pièces.
Ce numéro sera divisé.

104. — Sous ce numéro il sera vendu quelques plats et assiettes de marques différentes.

105. — Fermoir à sac, argent, paires de chenets fer et bronze, presse-papier (bronze), suspensions en bronze, étagère avec glaces, consoles en bois doré. *Ce numéro sera divisé.*

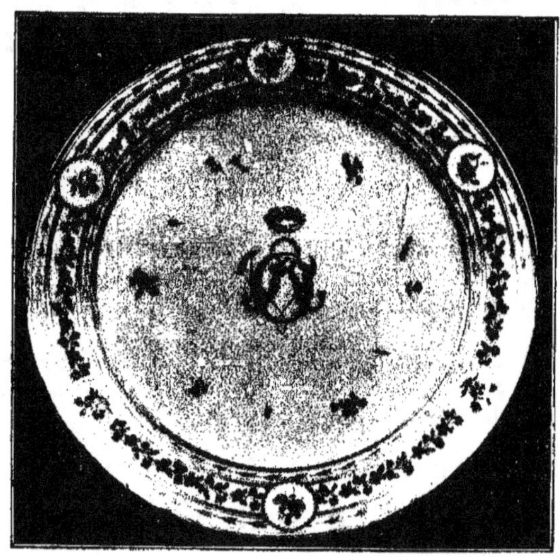

N° 83 du Catalogue.